Kalender/ Colendar 2020
Kinderaugen/ children's eyes
12 Bilder/ 12 Drawings
Illustration von Noah Fakier

Eine Fotografie wird von jedem Betrachter unterschiedlich wahrgenommen. Die Basis meiner Zeichnungen sind Fotografien. Wie sie auf mich wirken, wie ich sie aufnehme oder wahrnehmen möchte. Bei Porträts spielt die Liebe zum Menschen und die Ästhetik des menschlichen Körpers eine große Rolle, die ich in meinen Zeichnungen umsetzen will. Sämtliche Zeichnungen entstanden aus privaten oder lizenzfreien oder erworbenen Fotografien mit der schriftlichen Genehmigung, dass ich sie verwenden und veröffentlichen darf, wie pixabay oder shutterstock. Ähnlichkeiten mit anderen sind rein zufällig. Übersetzung mit Google Übersetzer. Im Kalender sind die deutschen Feiertage.

A photograph is perceived differently by each viewer. The basis of my drawings is photographs. How they affect me, how I want to record or perceive them. In portraits, the love of humans and the aesthetics of the human body play a major role, which I want to translate into my drawings. You can carefully separate these sheets individually and put them in a simple picture frame. For yourself or as a gift.
Reference:
All drawings are from private or royalty-free photographs with written permission to use and publish them. Similarities with others are purely coincidental. Translation with Google translator. In the calendar are the German holidays.

Herstellung und Verlag

BoD- Books on Demand, Norderstedt

ISDN 9783748194323

Lieber Leser,

mit dem Erwerb dieses E-Books erhältst du die Lizenz zur persönlichen Nutzung. Der Inhalt darf jedoch weder auszugsweise noch vollständig an Dritte weitergegeben werden.

Ich habe alles getan, damit du ein gutes Buch zu einem fairen Preis bekommst. Jeder, der es haben will, kann es sich auch leisten. Bitte sei du auch so fair und halte dich an diese Regeln.

Zu den Autoren
Noah Fakier aus Berlin ist Autor und Zeichner

Noah Fakier from Berlin is a writer and draftsman

https://www.facebook.com/noah.fakier69

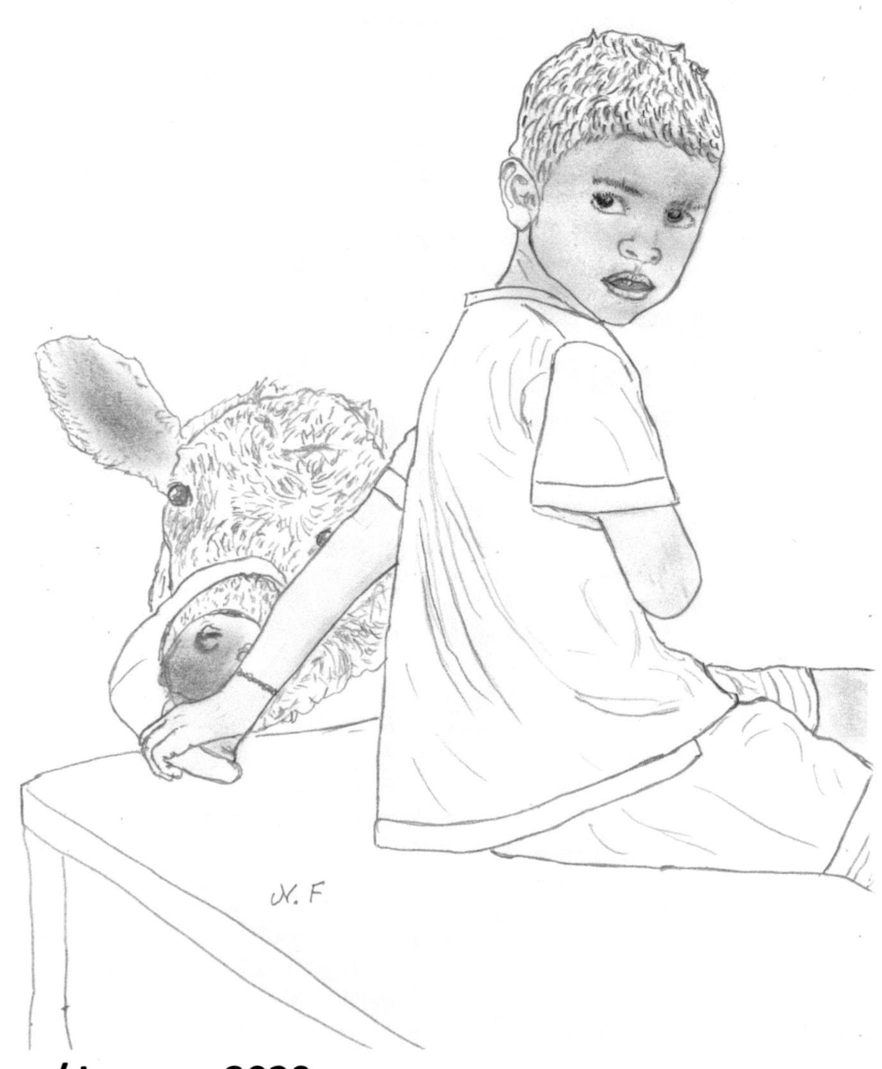

Januar/ January 2020

Mo./mo	Di./tu	Mit./we	Do./th	Fr./fr	Sa./sa	So./su
		1	2	3	**4**	**5**
6	7	8	9	10	**11**	**12**
13	14	15	16	17	**18**	**19**
20	21	22	23	24	**25**	**26**
27	28	29	30	31		

Notizen/ notes

1.

2.

3.

4.

5.

6.

7.

8.

9.

10.

11.

12.

13.

14.

15.

| 16. |
| 17. |
| 18. |
| 19. |
| 20. |
| 21. |
| 22. |
| 23. |
| 24. |
| 25. |
| 26. |
| 27. |
| 29 |
| 29. |
| 30. |
| 31. |

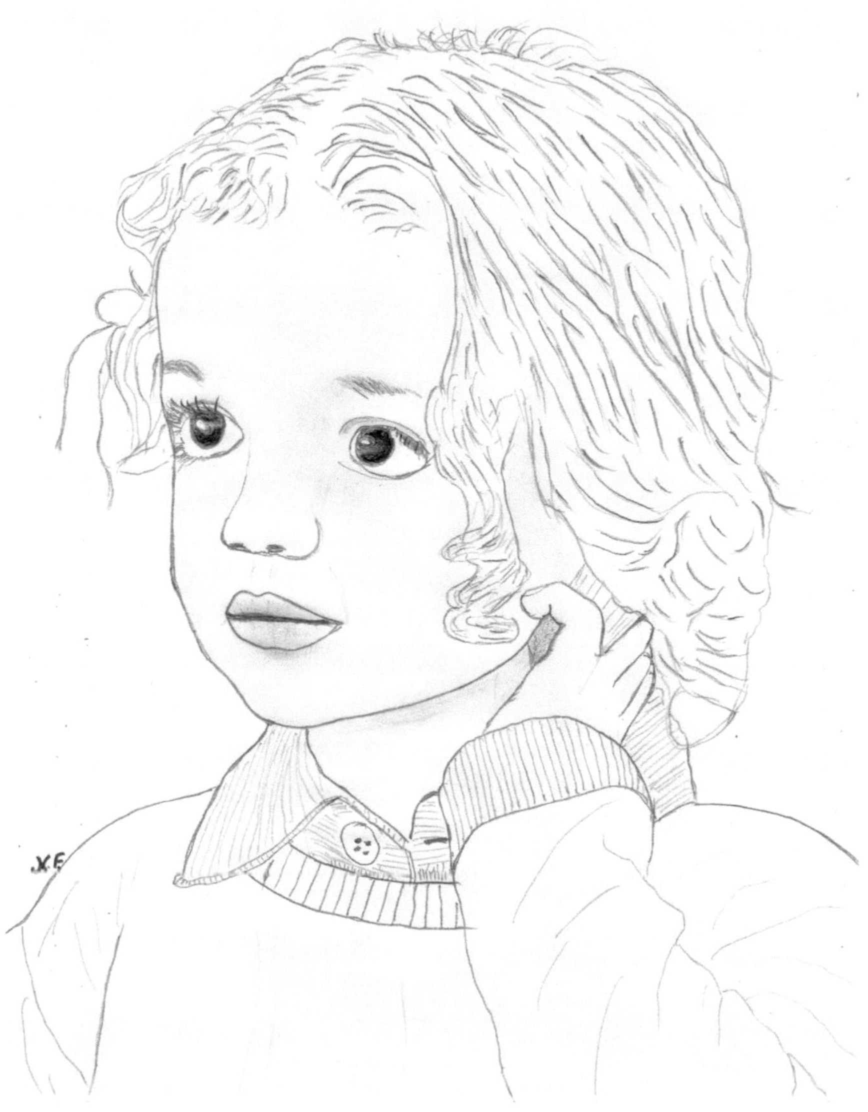

Februar/ February 2020

Mo./mo	Di./tu	Mit./we	Do./th	Fr/fr	Sa./sa	So./su
					1	**2**
3	4	5	6	7	**8**	**9**
10	11	12	13	14	**15**	**16**
17	18	19	20	21	**22**	**23**
24	25	26	27	28	**29**	

Notizen/ notes

1.

2.

3.

4.

5.

6.

7.

8.

9.

10.

11.

12.

13.

14.

15.

16.

17.

18.

19.

20.

21.

22.

23.

24.

25.

26.

27.

29

29.

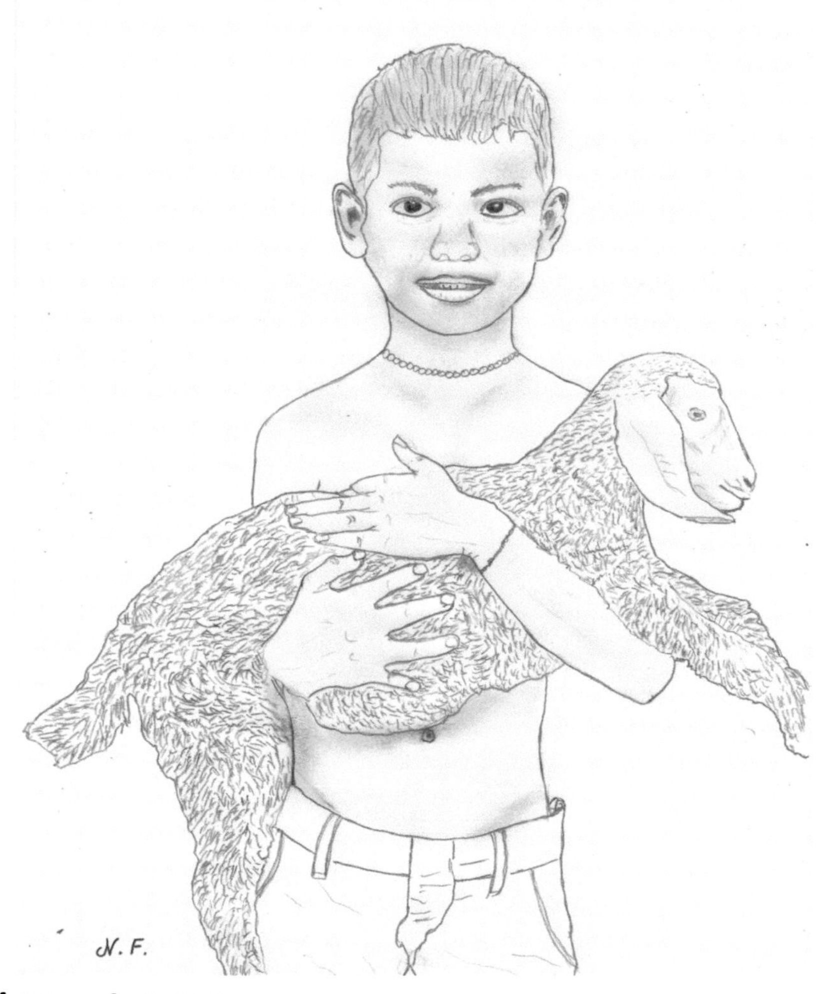

März/ March 2020

Mo./mo	Di./tu	Mit./we	Do./th	Fr./fr	Sa./sa	So./su
						1
2	3	4	5	6	**7**	**8**
9	10	11	12	13	**14**	**15**
16	17	18	19	20	**21**	**22**
23	24	25	26	27	**28**	**29**
30	31					

Notizen/ notes

1.

2.

3.

4.

5.

6.

7.

8.

9.

10.

11.

12.

13.

14.

15.

| 16. |
| 17. |
| 18. |
| 19. |
| 20. |
| 21. |
| 22. |
| 23. |
| 24. |
| 25. |
| 26. |
| 27. |
| 29 |
| 29. |
| 30. |
| 31. |

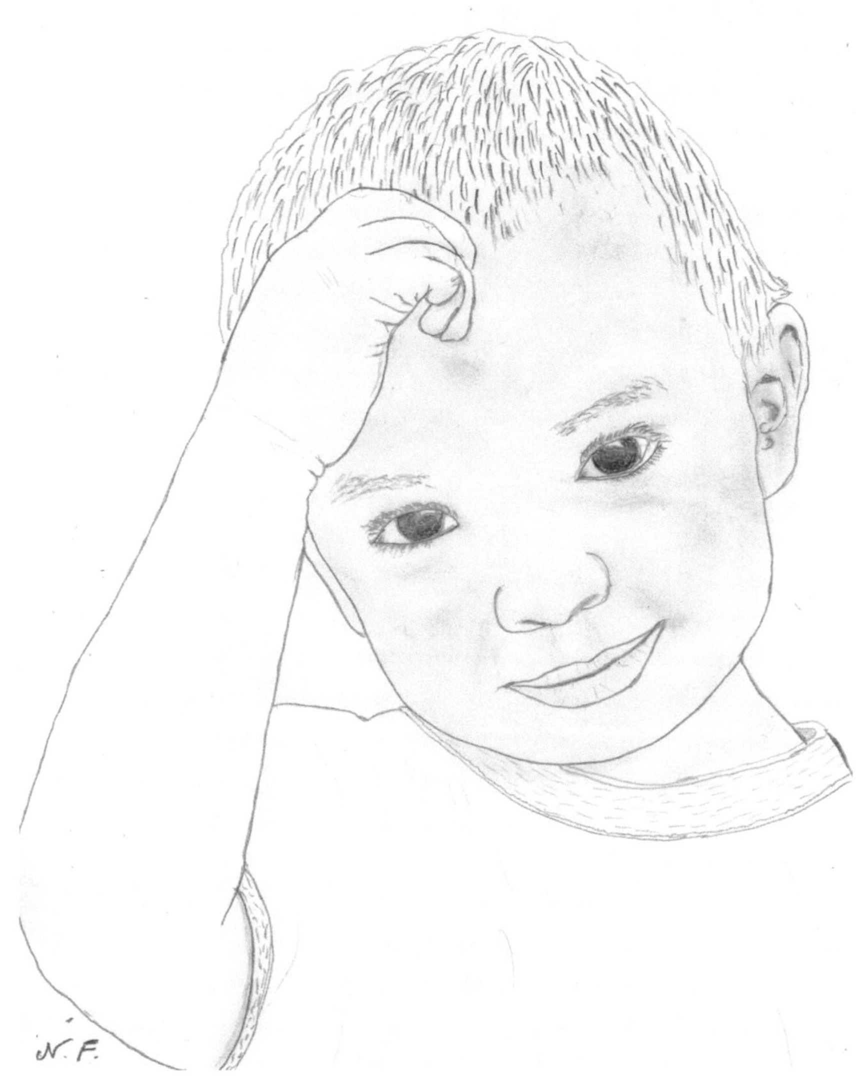

April/ April 2020

Mo./mo	Di./tu	Mit./we	Do./th	Fr./fr	**Sa./sa**	**So./su**
		1	2	3	**4**	**5**
6	7	8	9	**10**	**11**	**12**
13	14	15	16	17	**18**	**19**
20	21	22	23	24	**25**	**26**
27	28	29	30			

Notizen/ notes

1.
2.
3.
4.
5.
6.
7.
8.
9.
10.
11.
12.
13.
14.
15.

| 16. |
| 17. |
| 18. |
| 19. |
| 20. |
| 21. |
| 22. |
| 23. |
| 24. |
| 25. |
| 26. |
| 27. |
| 29 |
| 29. |
| 30. |
| |

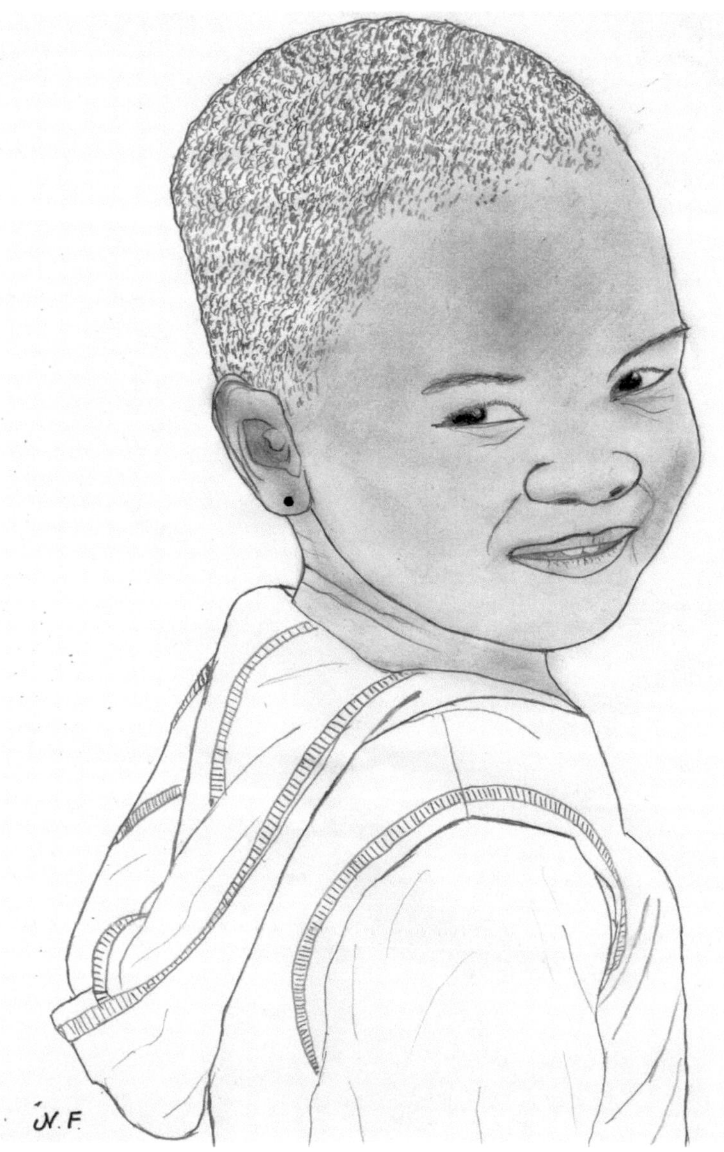

Mai/ May 2020

Mo./mo	Di./tu	Mit./we	Do./th	Fr./fr	Sa./sa	So./su
				1	**2**	**3**
4	5	6	7	8	**9**	**10**
11	12	13	14	15	**16**	**17**
18	19	20	**21**	22	**23**	**24**
25	26	27	28	29	**30**	**31**

Notizen/ notes

1.

2.

3.

4.

5.

6.

7.

8.

9.

10.

11.

12.

13.

14.

15.

16.
17.
18.
19.
20.
21.
22.
23.
24.
25.
26.
27.
29
29.
30.
31.

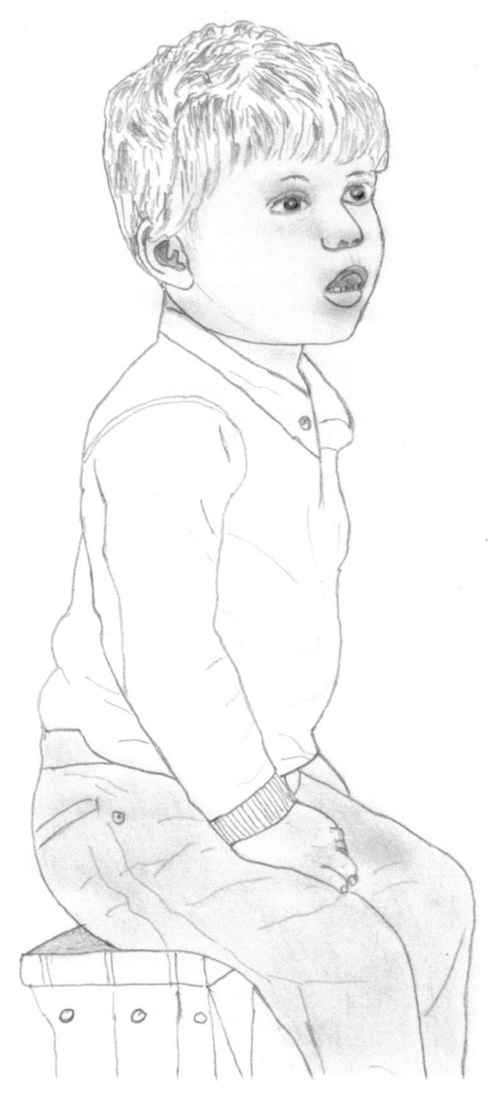

Juni/ June 2020

Mo./mo	Di./tu	Mit./we	Do./th	Fr./fr	Sa./sa	So./su
1	2	3	4	5	**6**	**7**
8	9	10	11	12	**13**	**14**
15	16	17	18	19	**20**	**21**
22	23	24	25	26	**27**	**28**
29	30					

Notizen/ notes

1.
2.
3.
4.
5.
6.
7.
8.
9.
10.
11.
12.
13.
14.
15.

| 16. |
| 17. |
| 18. |
| 19. |
| 20. |
| 21. |
| 22. |
| 23. |
| 24. |
| 25. |
| 26. |
| 27. |
| 29 |
| 29. |
| 30. |

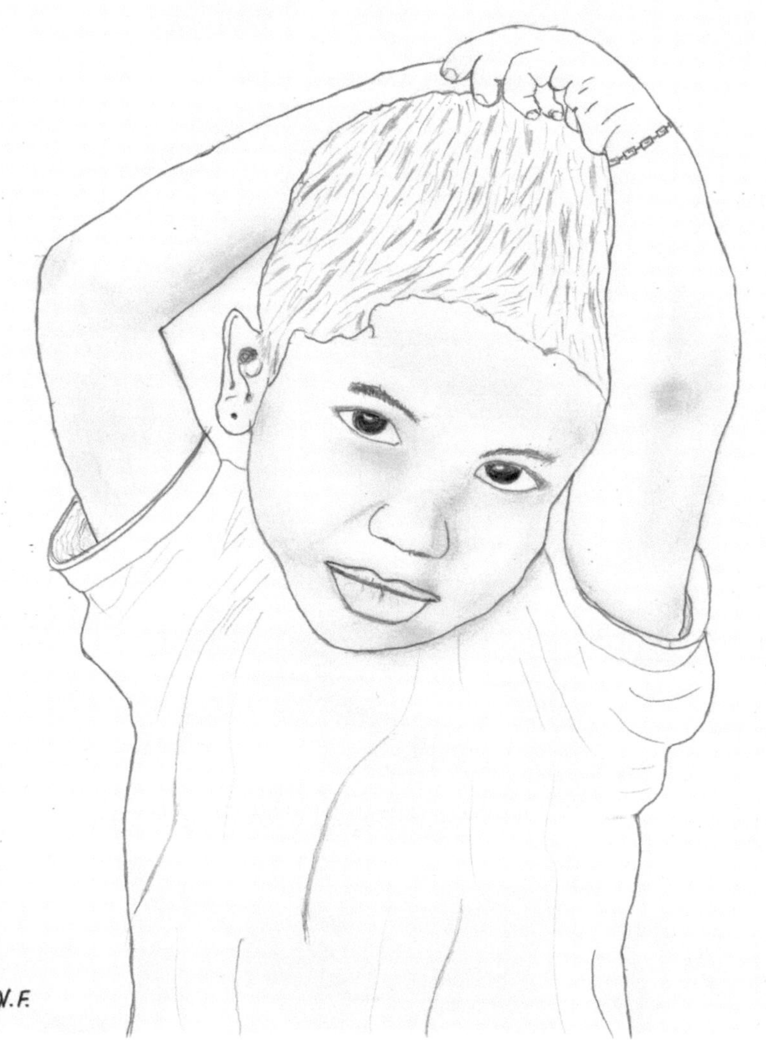

Juli/ July 2020

Mo./mo	Di./tu	Mit./we	Do./th	Fr./fr	Sa./sa	So./su
		1	2	3	**4**	**5**
6	7	8	9	10	**11**	**12**
13	14	15	16	17	**18**	**19**
20	21	22	23	24	**25**	**26**
27	28	29	30	31		

Notizen/ notes

1.
2.
3.
4.
5.
6.
7.
8.
9.
10.
11.
12.
13.
14.
15.

| 16. |
| 17. |
| 18. |
| 19. |
| 20. |
| 21. |
| 22. |
| 23. |
| 24. |
| 25. |
| 26. |
| 27. |
| 29 |
| 29. |
| 30. |
| 31. |

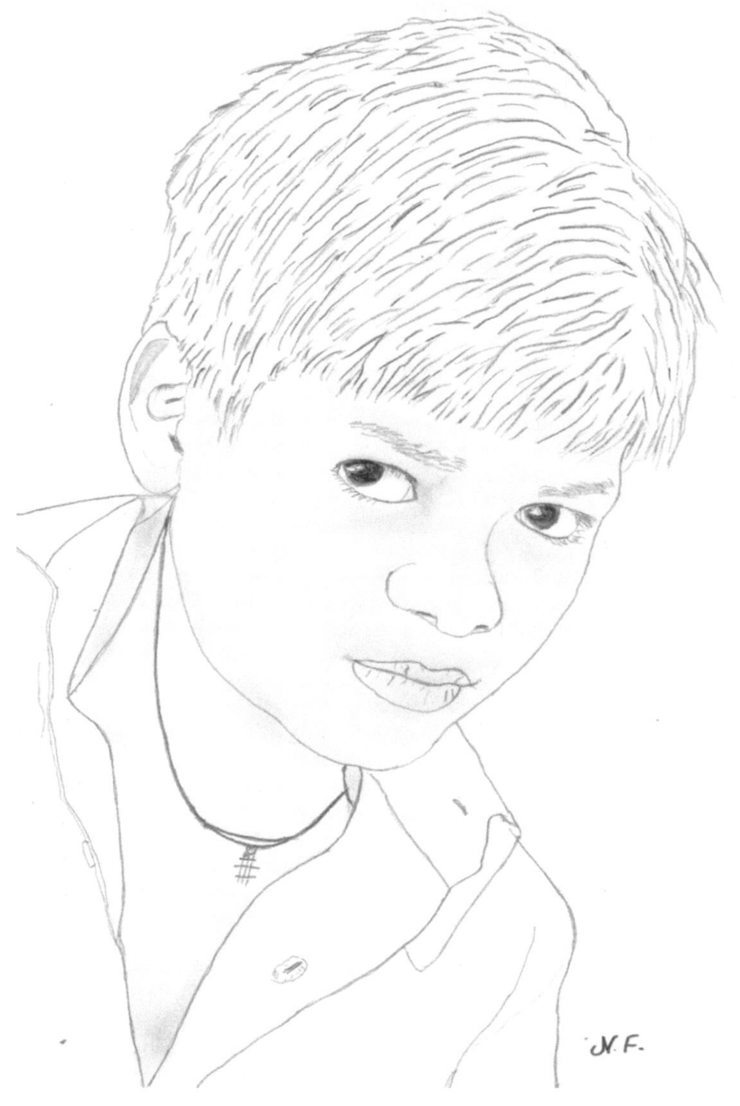

August/ August 2020

Mo./mo	Di./tu	Mit./we	Do./th	Fr./fr	Sa./sa	So./su
					1	**2**
3	4	5	6	7	**8**	**9**
10	11	12	13	14	**15**	**16**
17	18	19	20	21	**22**	**23**
24	25	25	27	28	**29**	**30**
31						

Notizen/ notes

1.

2.

3.

4.

5.

6.

7.

8.

9.

10.

11.

12.

13.

14.

15.

| 16. |
| 17. |
| 18. |
| 19. |
| 20. |
| 21. |
| 22. |
| 23. |
| 24. |
| 25. |
| 26. |
| 27. |
| 29 |
| 29. |
| 30. |
| 31. |

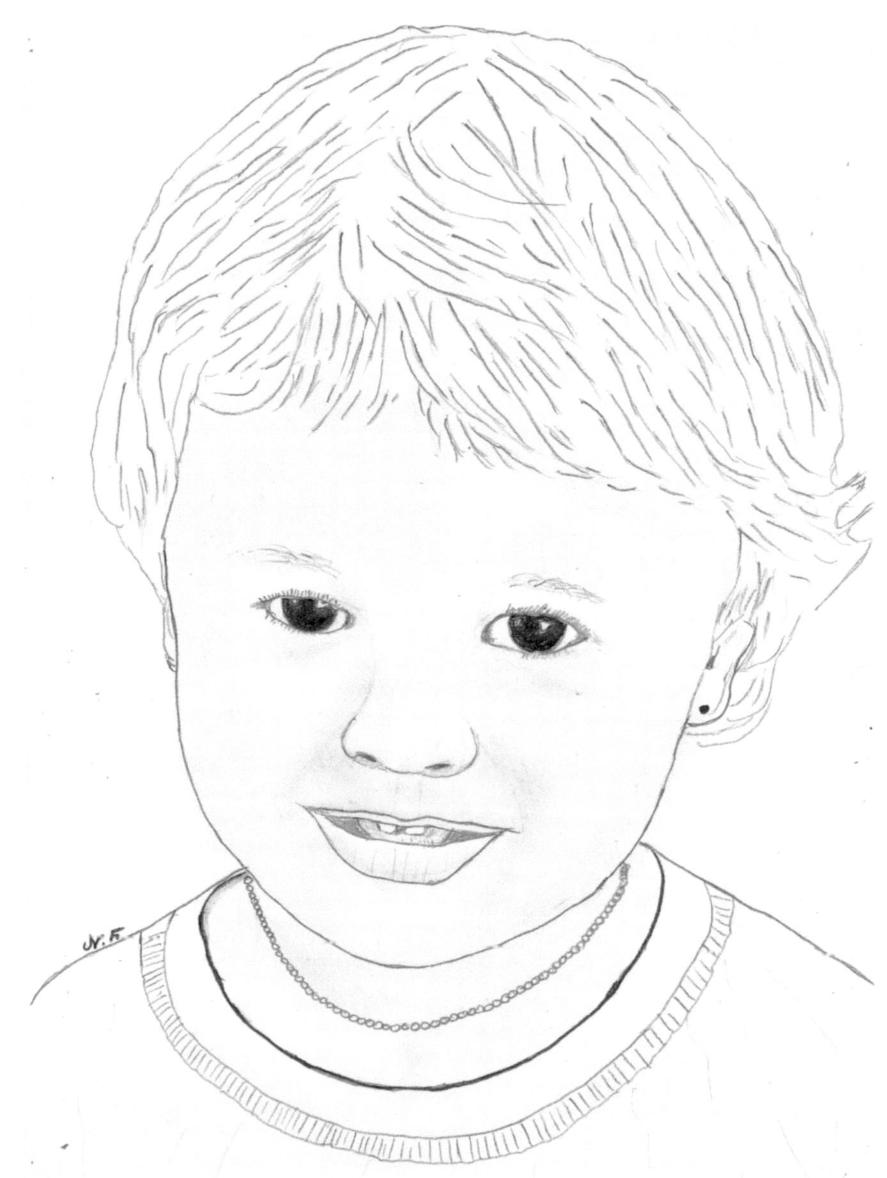

September/ September 2020

Mo./mo	Di./tu	Mit./we	Do./th	Fr./fr	Sa./sa	So./su
	1	2	3	4	**5**	**6**
7	8	9	10	11	**12**	**13**
14	15	16	17	18	**19**	**20**
21	22	23	24	25	**26**	**27**
28	29	30				

Notizen/ notes

1.

2.

3.

4.

5.

6.

7.

8.

9.

10.

11.

12.

13.

14.

15.

| 16. |
| 17. |
| 18. |
| 19. |
| 20. |
| 21. |
| 22. |
| 23. |
| 24. |
| 25. |
| 26. |
| 27. |
| 29 |
| 29. |
| 30. |
| |

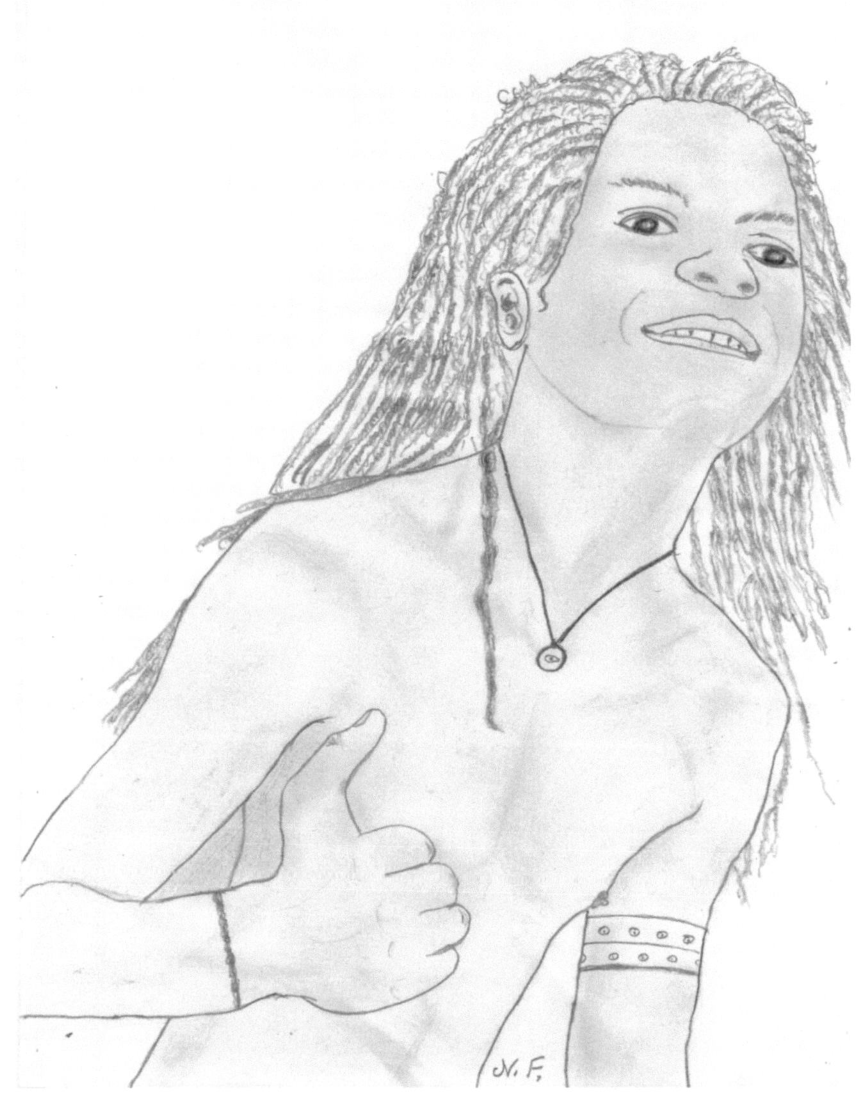

Oktober/ October 2020

Mo./mo	Di./tu	Mit./we	Do./th	Fr./fr	Sa./sa	So./su
			1	2	**3**	**4**
5	6	7	8	9	**10**	**11**
12	13	14	15	16	**17**	**18**
19	20	21	22	23	**24**	**25**
26	27	28	29	30	**31**	

Notizen/ notes

1.
2.
3.
4.
5.
6.
7.
8.
9.
10.
11.
12.
13.
14.
15.

| 16. |
| 17. |
| 18. |
| 19. |
| 20. |
| 21. |
| 22. |
| 23. |
| 24. |
| 25. |
| 26. |
| 27. |
| 29 |
| 29. |
| 30. |
| 31. |

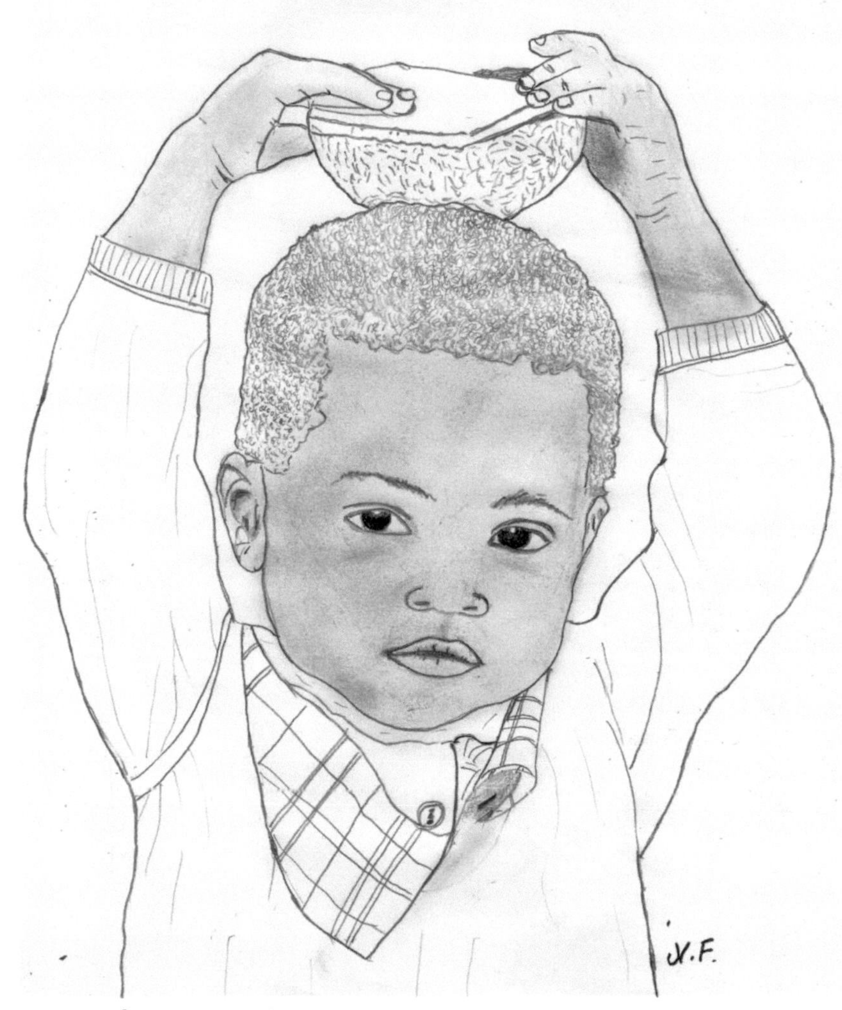

November/ November2020

Mo./mo	Di./tu	Mit./we	Do./th	Fr./fr	**Sa./sa**	**So./su**
						1
2	3	4	5	6	**7**	**8**
9	10	11	12	13	**14**	**15**
16	17	18	19	20	**21**	**22**
23	24	25	26	27	**28**	**29**
30						

Notizen/ notes

1.

2.

3.

4.

5.

6.

7.

8.

9.

10.

11.

12.

13.

14.

15.

| 16. |
| 17. |
| 18. |
| 19. |
| 20. |
| 21. |
| 22. |
| 23. |
| 24. |
| 25. |
| 26. |
| 27. |
| 29 |
| 29. |
| 30. |
| |

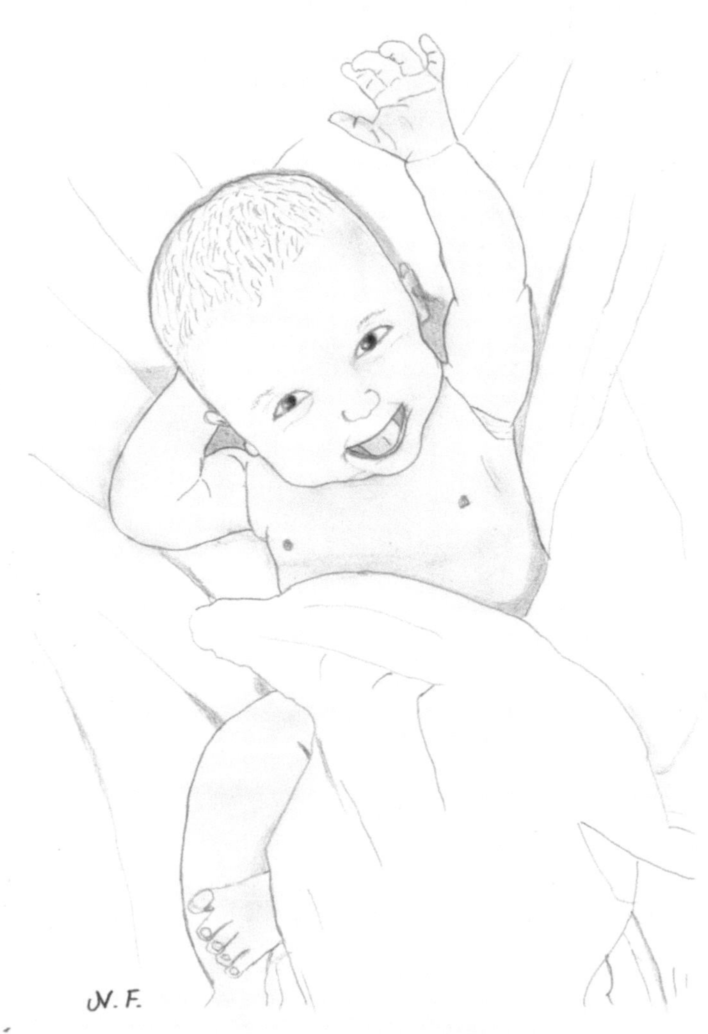

Dezember/ December 2020

Mo./mo	Di./tu	Mit./we	Do./th	Fr./fr	Sa./sa	So./su
	1	2	3	4	**5**	6
7	8	9	10	11	**12**	**13**
14	15	16	17	18	**19**	**20**
21	22	23	24	**25**	**26**	**27**
28	29	30	31			

Notizen/ notes

1.

2.

3.

4.

5.

6.

7.

8.

9.

10.

11.

12.

13.

14.

15.

| 16. |
| 17. |
| 18. |
| 19. |
| 20. |
| 21. |
| 22. |
| 23. |
| 24. |
| 25. |
| 26. |
| 27. |
| 29 |
| 29. |
| 30. |
| 31. |

Buchempfehlungen

Noah Fakier, Lutz Knoche

Kalender 2020 - Der Kuss – Calendar 2020 - The Kiss

Mit 12 neuen Zeichnungen von Noah Fakier und Ausschnitten aus dem Buch, Der SEX- Code, von Dr. Lutz Knoche. Mit viel Platz für Notizen. Die Zeichnungen sind im hochwertigen Brillant-Druck und rückseitig nicht gedruckt.

Calendar 2020 - The Kiss - with 12 new drawings by Noah Fakier and excerpts from the book, The SEX Code, by Dr. Lutz Knoche. With plenty of space for notes. The drawings are in high-quality brilliant print and not printed on the back.

https://www.amazon.de/dp/3748173776/

Noah Fakier

Zeichen-Mappe, Sign Solution, Solución signo

Männer I, Men I, Hommes I, Hombres I

Es sind 18 Blätter in höchster Druckqualität, auf 200g Fotobrillant Papier, in einem A 4 Ringhefter. Wenn du willst, kannst du diese Blätter vorsichtig einzeln heraustrennen und in einen einfachen Bilderrahmen stecken. Für dich selbst oder als Geschenk.

Mehr dazu:

There are 18 sheets in the highest print quality, on 200g Fotobrillant paper, in an A 4 ring binder. If you want, you can carefully separate these leaves one by one and put them in a simple picture frame. For yourself or as a gift. More on this:

https://www.amazon.de/Zeichen-Mappe-Männer-Noah-Fakier/dp/3743140403/

Gibt es auch als Taschenbuch im A4 Format im Brillantdruck

Is also available as paperback in A4 format in brilliant print

https://www.amazon.de/Zeichen-Mappe-Solution-Solución-si.../.../

„Der SEX- Code" Die Evolution der Lust"

Lutz Knoche

Was den Sex betrifft, so sind die Gesellschaften und viele Menschen noch mit falschen „Moralvorstellungen" behaftet. Das war die meiste Zeit in unserer Entwicklung nicht so. Falsche Moralvorstellungen über Sex beeinflussen unser gesamtes Denken und Fühlen. Es führt oft zu Ausgrenzungen. Oft auch bei unseren eigenen Gefühlen und Wünschen. Dieses Buch zeigt den Weg daraus. Noch ist es in jeder Buchhandlung erhältlich. Es eröffnet uns eine neue Sichtweise für ein sexuell und sozial erfülltes Leben. Die Zeit ist reif dafür. Eine Aufklärung und Ratgeber für Jung und Alt.

https://amzn.to/2GfpBT7

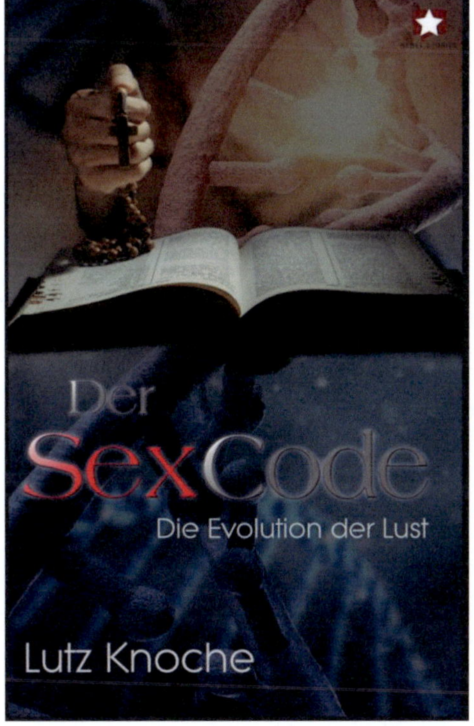

Begleiten Sie Dr. Lutz Knoche auf einer Reise durch die Geschichte der Menschheit und betrachten Sie mit ihm zusammen die Evolution der Lust. Blicken Sie „hinter die Kulissen" der menschlichen Psyche: Welche Auswirkungen haben die Dogmen der Kirche auf unser Leben, auch wenn wir nicht gläubig sind?

In diesem Buch geht es nicht nur um die freie Entfaltung bei der schönsten Sache der Welt oder um sexuelle Vielfalt, sondern vielmehr darum, dass sie ein ausschlaggebender Teil dafür war, damit sich der Mensch gegenüber anderen Gattungen durchsetzen konnte. Und auch heute noch diese Rolle spielt. Sie ist also die Normalität, die wieder im gesellschaftlichen Leben integriert werden soll, und nicht nur toleriert. Das erfordert ein Umdenken. Nicht nur bei der sexuellen Erfüllung sondern auch im sozialen Zusammensein.

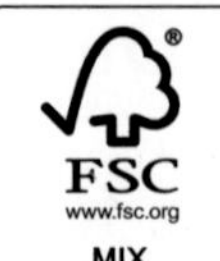
FSC
www.fsc.org
MIX
Papier aus ver-
antwortungsvollen
Quellen
Paper from
responsible sources
FSC® C105338